Kuchařka ovocných salátů

100 úžasných receptů na ovocný salát pro vaše zdraví

Emil Zach

© COPYRIGHT 2024 VŠECHNA PRÁVA VYHRAZENA

Tento dokument je zaměřen na poskytování přesných a spolehlivých informací týkajících se daného tématu a problematiky. Publikace je prodávána s tím, že vydavatel není povinen poskytovat účetní, úředně povolené nebo jinak kvalifikované služby. Je-li nutná rada, právní nebo odborná, měl by být objednán odborník s praxí v této profesi.

V žádném případě není legální reprodukovat, duplikovat nebo přenášet jakoukoli část tohoto dokumentu v elektronické nebo tištěné podobě. Nahrávání této publikace je přísně zakázáno a jakékoli uchovávání tohoto dokumentu není povoleno bez písemného souhlasu vydavatele. Všechna práva vyhrazena.

Upozornění Upozornění, informace v této knize jsou podle našeho nejlepšího vědomí pravdivé a úplné. Všechna doporučení jsou učiněna bez záruky ze strany autora nebo publikování příběhu. Autor a vydavatel se zříkají a odpovědnosti v souvislosti s použitím těchto informací

Obsah

Kuchařka ovocných salátů.................1
ÚVOD.................8
RECEPTY OVOCNÝ SALÁT.................10
   1. Kuskus Ovocný salát s kuřecím masem.................10
   2. Vlažný ovocný salát.................12
   3. Ovocný salát.................14
   4. Ovocný salát ze zeleného chřestu.................16
   5. Ovocný salát s kokosovým krémem.................19
   6. Ovocný salát Simone.................21
   7. Ovocný salát s medem.................24
   8. Jahodová rýže na ovocném salátu.................26
   9. Ovocný salát s avokádem a jogurtem.................28
   10. Ovocný salát s jahodami, melounem a mozzarellou.................30
   11. Ovocný salát ve sklenici se zmrzlinou a křehkými sušenkami.................32
   12. Ovocný salát s melounem, borůvkami a ovčím sýrem....34
   13. Ovocný salát s avokádem, malinami a ořechy.................36
   14. Grilovaný ovocný salát s jahodami, ananasem, fíky a grapefruity.................38
   15. Zapečený ovocný salát s panákem.................41
   16. Tropický ovocný salát piňa colada.................44
   17. Pečený ovocný salát.................47
   18. Ovocný salát z čekanky.................49

19. Kiwi salát...52

20. Ovocný nudlový salát...54

21. Zlatý kiwi salát s ananasem a jogurtem....................57

22. Ovocný nanuk..60

23. Flambovaný mandarinkový pomelo salát..................62

24. Mísa z těsta na sušenky...65

25. Sladké kaštanové krokety..68

26. Ovocný salát s vanilkovým krémem a rudými sušenkami 71

27. Ovocný salát s lihovinou..73

28. Ovocný salát se skořicí..75

29. ovocný salát..77

30. Salát z exotického ovoce...79

31. Ovocný salát s vanilkovou zmrzlinou.......................81

32. Ovocný salát s kopanou..84

33. Ovocný salát s rumovými rozinkami.......................86

34. Ovocný salát s jogurtovým kloboukem...................88

35. Ovocný salát s jogurtem...90

36. Ovocný salát s hermelínem....................................92

37. Ovocný salát se slunečnicovými semínky...............94

38. Ovocný salát s jogurtovou omáčkou.......................97

39. Ovocný salát s vanilkovo-jogurtovou omáčkou......100

40. Rychlý ovocný salát..102

41. Tropické ovoce a ovocný salát s kopanou..............104

42. Barevný ovocný salát...106

43. Tvarohový jogurtový krém s ovocným salátem............108
44. Ovocný salát bez cukru...................................111
45. Jednoduchý ovocný salát................................113
46. Veganský ovocný salát..................................115
47. Salát ze žlutého ovoce..................................117
48. Melounový ovocný salát................................119
49. Salát z kiwi..121
50. Ovocný salát ze švestek a ananasu...................123
51. Ovocný salát s granátovým jablkem..................125
52. Ovocný salát s ořechy..................................127
53. Koktejl z čerstvého ovoce..............................129
54. Ovocný salát s mátou..................................131
55. Salát s melounem a hruškami s krevetami..........133
56. Salát z pomerančů a kiwi s ledem...................135
57. Višňový kompot...138
58. Ananas s panákem......................................140
59. Bezový ocet..142
60. Sójový pudink s barevným ovocným salátem......144
61. Ovocný salát s melounem.............................146
62. Hruškový a švestkový salát...........................148
63. Ovocný salát s arašídovým dipem...................150
64. Kokosový ovocný salát s drceným ledem..........152
65. Zmrzlina s fazolovou omáčkou a ovocným salátem......155
66. Sýrovo-ovocný salát....................................157

67. Ovocný salát s ovocným dresinkem 159
68. Zapečený ovocný salát se studeným zapékáním 162
69. Ovocný salát s křupavou quinoou 164
70. Ovocný salát se sirupem chachacha 167
71. Ovocný salát s likérovou omáčkou 170
72. Středomořský ovocný salát 173
73. Pohankové vafle s ovocným salátem 175
74. Müsli s exotickým ovocným salátem 178
75. Asijský ovocný salát se skleněnými nudlemi 181
76. Pikantní ovocný salát 183
77. Meloun s liči a ananasem 185
78. Salát z vajec a ovoce 187
79. Hruškový a hroznový salát 189
80. Ovocný salát s Campari 192
81. Sladkokyselá zálivka 194
82. Krém z vaječného likéru 196
83. Parfait z modrých hroznů s pomerančem a hroznovým salátem 199
84. Sýrová terina s vlašskými ořechy 202
85. Makléřský salát 204
86. Francouzský dresink 206
87. Ovocný sleďový salát 209
88. Zmrzlina s fazolovou omáčkou a ovocným salátem 212
89. Jahodová rýže na ovocném salátu 214
90. Ovocný salát s avokádem a jogurtem 216

91. Jednoduchý ovocný salát..218

92. Tradiční ovocný salát..221

93. smetanový ovocný salát...224

94. Ovocný salát s kondenzovaným mlékem......................227

95. Ovocný salát se zakysanou smetanou..........................229

96. Odpovídající ovocný salát...232

97. Gurmán ovocný salát...234

98. Ovocný salát s jogurtovou omáčkou.............................236

99. Ovocný salát s vanilkovo-jogurtovou omáčkou............239

100. Rychlý ovocný salát..241

ZÁVĚR..243

ÚVOD

Kuchařka ovocných salátů je extrémně výživná. Házení různých druhů ovoce do velké mísy může být tak jednoduché. Lepší už to nebude. Použil jsem tento salát jako rychlé jídlo k potlucku nebo jako dárek, který si vezmu s sebou, když budete hostem na večeři. Je to velmi všestranné jídlo, které může jíst každý, a je zvláště dobré pro vegetariány!

Saláty obecně mohou mít pozitivní vliv na zdraví člověka. Zařazením těchto pamlsků jako pravidelné součásti jídelníčku však mohou lidé výrazně zlepšit kvalitu svého jídelníčku. Kuchařka ovocných salátů může být vyrobena z jakéhokoli druhu ovoce a poskytuje chutný a zdravý způsob, jak podpořit zdravější životní styl.

Jedním z důvodů, proč by lidé měli jíst více tohoto typu salátu, je zhubnout. Lidé navíc získávají energii, když konzumují doporučený počet ovoce. Tato energie navíc může pomoci motivovat člověka k častějšímu cvičení. V kombinaci s cvičením může Kuchařka ovocných salátů omezit nezdravé ukládání tuku v těle.

Lidé mohou snížit hladinu škodlivého sodíku a cholesterolu v krvi zařazením těchto salátů do svého jídelníčku. Sodík i cholesterol jsou spojeny se zdravotními riziky, pokud jsou konzumovány ve velkých množstvích po dlouhou dobu. Proto je konzumace A Fruit Salad Cookbook jedním ze způsobů, jak kontrolovat hladinu sodíku a cholesterolu.

Kuchařka ovocných salátů je skvělý způsob, jak podpořit zdraví srdce. Zvýšená energie, cvičení a snížení cholesterolu jsou preventivními opatřeními pro srdeční choroby. Kuchařka ovocných salátů může také pomoci zabránit rozvoji různých typů rakovinných buněk v těle. Srdeční choroby a rakovina jsou hlavními zdravotními problémy, se kterými se dnes Američané potýkají, a lze se jim vyhnout tím, že sníte kuchařku s ovocným salátem.

RECEPTY OVOCNÝ SALÁT

1. Kuskus Ovocný salát s kuřecím masem

Ingredience na 4 porce

- 200 g kuskusu
- 1 najemno nakrájená červená cibule
- 250 g kuřecích prsou
- 1 máslo
- 2 med
- 0,5 lžičky smíšeného kmínu
- 0,5 lžičky kardamomu
- 150 ml libového jogurtu
- 100 g hrubě nasekaných ořechů
- 1 dávka kousků broskve
- 1 základní sůl

příprava

1. Kuskus připravíme podle návodu na obalu. Kuřecí prsa omyjeme, osušíme, osolíme, opepříme a nakrájíme na nudličky.
2. Rozehřejte máslo a orestujte na něm cibuli s kuřecími nudličkami. Broskve scedíme a nakrájíme na malé kostičky.
3. Jogurt smícháme s kořením, medem, ořechy a kuskusem, cibulí a kuřecími nudličkami. Nakonec vmícháme kousky broskve.

2. Vlažný ovocný salát

Ingredience na 4 porce

- 10 kusů sušených fíků
- lžíce sultánek
- 300 ml bílého vína
- 1 lžička skořice
- 1 kapka citronové šťávy
- 4g cukru
- 4 jablka

příprava

1. Jablka, fíky a sultánky dejte s vínem do kastrůlku a vše podlijte vodou.
2. Přidáte skořici, citron a cukr a vše krátce povaříte. Ale samozřejmě musí být jablka stále pevná na skus.
3. Vše naaranžujte do misky a užívejte si.

3. Ovocný salát

Ingredience na 4 porce

- 2 ks kiwi
- 2 ks pomeranče
- 1ks mango
- 1 ks zázvoru (2 cm)
- 2 PL medu
- 5 PL jablečné šťávy

příprava

1. Pomeranč oloupejte a vyfiletujte, kiwi a mango oloupejte a nakrájejte na malé kousky.
2. Zázvor oloupeme, nakrájíme na malé kostičky a s medem na pánvi několik minut opékáme. Pokapeme jablečnou šťávou a přelijeme ovocem. Necháme krátce louhovat.

4. Ovocný salát ze zeleného chřestu

Ingredience na 2 porce

- 5 ks zeleného chřestu (tenké tyčinky)
- 4 kusy jahod
- 1 kus pomeranč
- 0,25 ks ananasu
- 1 kus kiwi
- 1 kus jablka (malé)
- 0,5 kusu banánu
- 1 kus citronu
- 2 lžíce mírného olivového oleje
- 1 ks limetky (šťáva + kůra na marinádu)
- 1 ks pomeranč (šťáva + kůra na marinádu)
- 1 snítka meduňky

příprava

1. Zelený chřest omyjeme, podélně rozpůlíme a příčně na cca. 2 cm. Jahody omyjeme, zbavíme stopky a nakrájíme na plátky. Kiwi oloupeme, rozčtvrtíme a nakrájíme na plátky.
2. Ananas oloupeme a rozčtvrtíme, zbavíme stopky, čtvrtinu nakrájíme na malé kostičky, zbytek použijeme na jiné účely.
3. Pomeranč oloupejte a vyfiletujte, vyteklou šťávu zachyťte a použijte na zálivku.

Vymačkejte citron. Jablko omyjeme, rozpůlíme, zbavíme jádřinců, nakrájíme na měsíčky a ihned pokapeme polovinou vymačkané citronové šťávy (aby nezhnědlo).
4. Banán oloupeme a nakrájíme na plátky, také pokapeme zbylou citronovou šťávou.
5. Smíchejte dresink z limetkové a pomerančové šťávy, kůry (každá polovina ze dvou plodů) a olivového oleje.
6. Připravené ovoce s chřestem dejte do mísy a opatrně zalijte dresinkem. Ozdobte lístky meduňky.

5. Ovocný salát s kokosovým krémem

Ingredience na 4 porce

- 1 ks cukrový meloun
- 2 ks banánů
- 3 ks ovoce kiwi
- 1ks ananas
- 250 ml šlehačky
- 2 PL krystalového cukru
- 100 ml kokosového mléka

příprava

1. Banány, cukrový meloun, kiwi a ananas se oloupou a cukrový meloun se také vypeckuje. Poté se ovoce nakrájí na malé kostičky.
2. Postupně do ní vmícháme ušlehanou šlehačku do tuha mixérem, cukr a kokosové mléko.
3. Vznikne tak hladký krém, ale šlehačka by se neměla šlehat příliš dlouho, maximálně 2 minuty.
4. Nakonec se ovoce rozdělí do dezertních misek a zalije kokosovým krémem.

6. Ovocný salát Simone

Ingredience na 4 porce

- 1 kus medového melounu
- 1 kus kiwi
- 1 kus banánu
- 5 kusů borůvek
- 5 ks malin
- 3 kusy jahod

Ingredience na marinádu

- 1 kousek citronu (šťáva)
- 1 polévková lžíce cukru
- 1 špetka zázvorového prášku

příprava

1. Meloun oloupejte a vydlabejte a vykrajovátkem vykrojte dužinu, abyste získali pěkné melounové kuličky. Dále oloupeme kiwi a nakrájíme na kousky.
2. Borůvky a maliny omyjeme a scedíme, jahody omyjeme, zbavíme zelí, rozpůlíme nebo nakrájíme na plátky. Banán oloupejte a nakrájejte.
3. Všechno ovoce dáme do mísy, smícháme s cukrem, citronovou šťávou a zázvorovým

práškem. Necháme 30 minut marinovat, rozdělíme do sklenic a podáváme studené.

7. Ovocný salát s medem

Ingredience na 6 porcí

- 3 ks banánů
- 250 g jahod
- 100 g modrých hroznů bez pecek
- 100 g bílých hroznů bez pecek
- 2 ks pomeranče
- 2 ks kiwi
- 1ks Apple
- 1ks hruška
- 1ks citron
- 5 PL medu

příprava

1. Banány, pomeranče a kiwi oloupeme, jahody omyjeme, zbavíme zelených listů a ovoce nakrájíme na malé kousky.
2. Hrozny omyjeme, rozpůlíme a přidáme ke zbytku ovoce. Jablka a hrušky nakrájíme na měsíčky, zbavíme jádřinců a nakrájíme na malé kostičky a smícháme s ostatním ovocem.
3. Marinujte s citronovou šťávou a medem.

8. Jahodová rýže na ovocném salátu

Ingredience na 2 porce

- 500 g čerstvého ovoce (dle chuti)
- 0,5 šálku šlehačky
- 3 kopečky jahod Mövenpick
- 5 kapek citronové šťávy

příprava

1. Ovoce omyjeme, oloupeme a nakrájíme na kostičky, dáme na talíř a pokapeme citronovou šťávou.
2. Jahodovou zmrzlinu dejte na ovocný salát.
3. Ozdobte šlehačkou a kornouty zmrzliny.

9. Ovocný salát s avokádem a jogurtem

Ingredience

- 1 jablko
- 1 avokádo
- 1/2 manga
- 40 g jahod
- 1/2 citronu
- 1 lžíce medu
- 125 g přírodního jogurtu
- 2-3 lžíce mandlových plátků

příprava

1. Nejprve u ovocného salátu s avokádem a jogurtem omyjte jablko a odstraňte jádřinec a kostičky. Dále zbavte jádřinců avokáda a manga a také nakrájejte na kostičky. Jahody omyjeme a nakrájíme na poloviny. Nakonec citron rozkrojte a z poloviny vymačkejte šťávu.
2. Přírodní jogurt a med dobře promíchejte. Nakrájené suroviny nasypeme do větší mísy a vmícháme směs medu a jogurtu. Ovocný salát s avokádem a jogurtem posypeme mandlemi a podáváme.

10. Ovocný salát s jahodami, melounem a mozzarellou

Ingredience

- 1/2 medového melounu
- 1/4 melounu
- 250 g jahod
- 2 balení mini mozzarelly
- 1/2 svazku máty
- 1/2 svazku bazalky
- 1 pomeranč
- nějaké javorové sirupy

příprava

1. U ovocného salátu s jahodami, melounem a mozzarellou nejprve zbavte melounů slupky a jader a dužinu nakrájejte na kostičky. Dále jahody omyjeme, zbavíme zelené a jahody podélně rozpůlíme. Dále otrhejte mátu a bazalku. Mátu nasekáme nadrobno. Kuličky mozzarelly dobře nechte okapat.
2. Vymačkáme pomerančovou šťávu a smícháme s trochou javorového sirupu.
3. Smíchejte všechny ingredience kromě bazalky ve velké míse.
4. Ovocný salát naporcujte s jahodami, melounem a mozzarellou a podávejte ozdobený bazalkou.

11. Ovocný salát ve sklenici se zmrzlinou a křehkými sušenkami

Ingredience

- 200 g malin
- 4 vanilková zmrzlina
- 2 mučenky
- 15 křehkých sušenek
- 1 lžička moučkového cukru
- 10 lístků máty

příprava

1. Křehké sušenky nalámejte na velké kousky na ovocný salát do sklenice s ledem a rozdělte do 4 sklenic. Maliny smícháme s dužinou marakuji a moučkovým cukrem.
2. Na křehké pečivo položte kopeček vanilkové zmrzliny a ovocný salát ve sklenici ozdobte malinami a trochou máty.

12. Ovocný salát s melounem, borůvkami a ovčím sýrem

Ingredience

- 1/4 melounu
- 1/4 medového melounu
- 1/4 cukru meloun
- 100 g borůvek
- 5 kávových zrn (mletá)
- 100 g ovčího sýra (nebo kozího sýra)
- 10 lístků máty
- 1 lžíce medu

příprava

1. Melouny na ovocný salát s melounem, borůvkami a ovčím sýrem oloupeme a nakrájíme na velké kostky.
2. Smícháme s borůvkami a rozprostřeme na talíř.
3. Na melouny rozetřete mletou kávu. Sýr nakrájíme na tenké nudličky a položíme na melounový salát.
4. Ovocný salát pokapaný trochou medu a ozdobený mátou.

13. Ovocný salát s avokádem, malinami a ořechy

Ingredience

- 2 avokáda
- 150 ml šlehačky
- 1/4 citronu (šťáva)
- 50 gramů cukru
- 200 g malin
- 2 lžíce mixované ořechové pasty
- 2 limetky
- 1 lžíce moučkového cukru

příprava

1. Avokádo a maliny na ovocný salát s avokádem oloupeme a zbavíme jádřinců a nakrájíme na malé kostičky.
2. Pyré spolu s citronovou šťávou a cukrem. Ušleháme šlehačku do tuha a vmícháme avokádo.
3. Limetky oloupejte a mezi bílými oddělovacími blány vykrojte dužinu. Smícháme s omytými malinami a moučkovým cukrem.
4. Rozdělte do čtyř sklenic a posypte nahrubo nasekanou směsí.
5. Ovocný salát s avokádovým krémem a trochou malin na ozdobu.

14. Grilovaný ovocný salát s jahodami, ananasem, fíky a grapefruity

Ingredience

- 2 obr
- 4 jahody
- 2 švestky (žluté, kroužky)
- 1 mandarinka
- 1 rubínový grapefruit
- 1/4 ananasu
- 1 lžička moučkového cukru
- 1 lžíce citronové šťávy
- 2 lžíce pistácií (nasekaných)
- 3 lžíce oleje z hroznových jader

příprava

1. Na grilovaný ovocný salát si nejprve připravte dresink. Poté smíchejte moučkový cukr, citronovou šťávu, hroznový olej a pistácie.
2. Jahody a fíky rozpůlíme. Ananas nakrájejte na tenké měsíčky a zbylé ovoce na velké kousky.
3. Všechno ovoce potřete trochou hroznového oleje.
4. Ovoce grilujeme na grilovací pánvi nebo ze všech stran, dokud ovoce nezíská pěkně tmavou barvu.

5. Ovoce pak naaranžujte na talíř a pokapejte dresinkem.
6. Grilovaný ovocný salát podávejte ještě teplý.

15. Zapečený ovocný salát s panákem

Ingredience

- 1 broskev
- 1 jablko
- 1/4 ananasu
- 1 banán
- 20 g hroznů
- 20 g malin
- 1/2 pomeranče (šťáva)
- 1/2 citronu
- 1 vanilkový lusk (dřeň)
- 4 vejce
- 1 lžíce medu
- 2 lžíce rumu
- 1 lžíce pomerančového likéru

příprava

1. Na gratinovaný ovocný salát s panákem si nejprve připravte ovoce. K tomu broskev a jablko omyjte, zbavte jádřinců a nakrájejte na kostičky. Dále oloupeme ananas, odstraníme stopku a nakrájíme na kostičky, banán zbavíme slupky a nakrájíme na plátky. Dále omyjeme hrozny a maliny, rozpůlíme pomeranč a citron a vymačkáme. Nakonec

vanilkový lusk podélně rozřízněte a vyškrábněte dužinu.
2. Žloutky smícháme s medem, vanilkovou dužinou, rumem, pomerančovým likérem a pomerančovou a citronovou šťávou. Z bílků ušleháme tuhý sníh a vmícháme do žloutkové směsi. Nakrájené ovoce naplníme do malých ohnivzdorných formiček, zakryjeme sněhovou hmotou a pečeme v troubě na 180 stupňů (horkovzdušná) asi 10 minut.
3. Gratinovaný ovocný salát necháme krátce vychladnout a podáváme.

16. Tropický ovocný salát piña colada

Ingredience

- 1/2 ananasu
- 1 banán
- 1 jablko
- 1/2 cukrového melounu (případně medovicového melounu)
- 50 ml kokosového mléka (z plechovky)
- 30 ml ananasové šťávy
- 2-3 lžíce kokosového likéru
- 2-3 lžíce sušeného kokosu
- 1 panák rumu (bílý)

příprava

1. Nejprve si připravte všechny ingredience na tropický ovocný salát piňa colada. Ananas oloupeme, zbavíme stopky a nakrájíme na kostičky. Dále oloupejte a nakrájejte banán, jablko omyjte, zbavte jádřince a nakrájejte na kostičky. Nakonec meloun zbavte jádřince, zbavte kůry a semínek a nakrájejte na kousky o velikosti sousta.
2. Smíchejte kokosové mléko s citronovou a ananasovou šťávou, kokosovým likérem, sušeným kokosem a špetkou rumu.

3. Nakrájené kousky ovoce dejte do větší mísy, přidejte směs piña colady a dobře promíchejte. Tropický ovocný salát piña colada rozdělte do malých misek a podávejte.

17. Pečený ovocný salát

Ingredience

- 1 broskev
- 1/4 ananasu
- 20 malin
- 1 mandarinka
- 10 physalis
- 2 jablka
- 1 lžička medu
- 1 vanilkový lusk (dřeň)
- 4 bílky
- 100 g cukru

příprava

1. Na zapečený ovocný salát ušlehejte bílky s cukrem na tuhý sníh.
2. Ovoce nakrájíme na malé kostičky a smícháme s medem a vanilkovou dužinou. Rozdělte do čtyř forem na koláč a navrch potřete sníh z bílků.
3. Pečeme při 120 °C asi 60 minut.
4. Upečený ovocný salát vyndáme z trouby, necháme krátce vychladnout a ihned podáváme.

18. Ovocný salát z čekanky

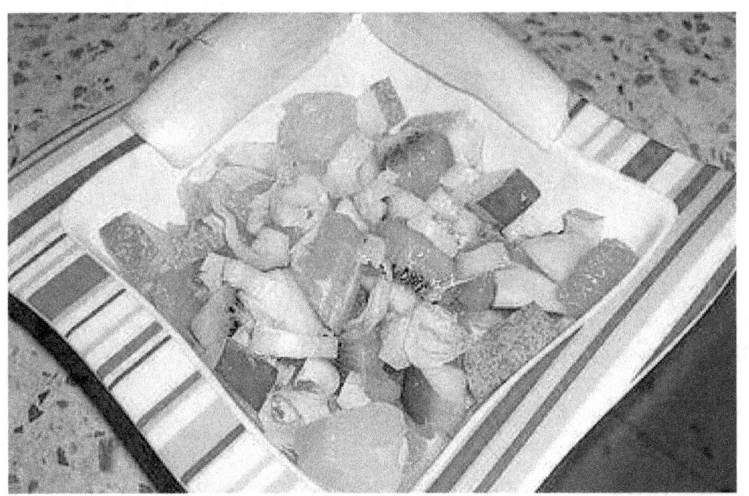

Ingredience

- 500 g čekanky
- 200 g krůtí prsa (uzená)
- 4 kusy pomeranče
- 3 kusy banánů
- 150 g brunch bylinkové légère
- 150 g jogurtu
- 2-3 lžíce citronové šťávy
- sůl
- Pepř (bílý)
- cukr
- 40 g vlašských ořechů

příprava

1. Na ovocný salát z čekanky omyjte čekanku, osušte a rozkrojte napůl. Odřízněte vrchní cípy listů, stonek vykrojte do tvaru klínku a nakrájejte na jemné plátky. Krůtí prsa nakrájíme na jemné nudličky a smícháme s čekankou.
2. Oloupejte 3 pomeranče dostatečně silné, abyste odstranili bílou slupku, vykrojte filé z ovoce a přidejte k čekance, seberte šťávu. Dále oloupeme a nakrájíme banány a smícháme s ovocným salátem z čekanky.

3. Vymačkejte poslední pomeranč. Brunch a jogurt rozmixujte dohladka, smíchejte s pomerančovou a citronovou šťávou. Dochutíme solí, pepřem a cukrem.
4. Dresinkem přelijte ovocný salát z čekanky. Vlašské ořechy nasekáme nahrubo a posypeme je. Před podáváním chlaďte asi 1 hodinu.

19. Kiwi salát

Ingredience

- 4 kusy kiwi
- 500 g hroznů (půlky)
- 4 hrušky
- 8 lžic medu
- 1 ks citron (šťáva)
- nějaké lístky máty

příprava

1. Na kiwi salát oloupeme kiwi, rozpůlíme a nakrájíme na plátky. Poté hrozny omyjeme, rozpůlíme a zbavíme semínek. Nakonec hrušky oloupeme, rozpůlíme, zbavíme střívka a také nakrájíme na plátky.
2. Ovoce jemně promícháme.
3. Citronovou šťávu vmícháme do medu a zalijeme jí ovocný salát. Ozdobte několika lístky máty peprné.

20. Ovocný nudlový salát

Ingredience

- 250-300 g těstovin (např. fusilli)
- 120 g borůvek
- 150 g hroznů (bez pecek)
- 1 jablko (kyselé)
- 1 nektarinka (případně broskev)
- 1 banán
- 1 vanilkový lusk (dřeň)
- 1/2 citronu (šťáva)
- 5-6 lístků máty (čerstvé)
- 1 špetka skořice (mleté)
- 1 lžíce medu

příprava

1. Na ovocný těstovinový salát nejprve ve velkém hrnci přiveďte k varu vodu, osolte a uvařte v ní těstoviny (např. penne) al dente.
2. Mezitím si připravte zbývající ingredience na salát. Borůvky, hrozny, jablka a nektarinky omyjeme a osušíme. Hrozny rozpůlte, nektarinky a jablka nakrájejte na kostičky. Banán oloupejte a nakrájejte. Vanilkový lusk podélně rozřízneme, vydlabeme dužinu, rozpůlíme citron a

vymačkáme. Lístky máty otrháme ze stonků a nasekáme nadrobno.
3. Uvařené těstoviny přecedíme, propláchneme a necháme trochu vychladnout. Poté ve větší misce smíchejte těstoviny s ovocem, vanilkovou dužinou, skořicí, citronovou šťávou, mátou a lžící medu. Ovocný těstovinový salát můžeme ihned podávat.

21. Zlatý kiwi salát s ananasem a jogurtem

Ingredience

Na salát:

- 1 ananas (oloupaný, zbavený stopky, nakrájený na tyčinky)
- 3 zlaté kiwi (oloupané, nakrájené na měsíčky)
- 60 g para ořechů (nahrubo nasekaných)

Na dresink:

- 200 g jogurtu (řecký)
- 3 lžíce olivového oleje
- 1/2 citronu (šťáva a kůra)
- mořská sůl
- Pepř (z mlýna)
- tymián (na ozdobu)

příprava

1. Na zlatý kiwi salát s ananasem a jogurtem dobře promíchejte všechny ingredience na dresink a dochuťte solí a pepřem.
2. Kousky ananasu ogrilujte na grilovací pánvi bez tuku na salát. Nandejte na talíře spolu s plátky kiwi.

3. Ovoce pokapeme dresinkem a zlatý salát z kiwi ozdobíme ananasem a jogurtem s para ořechy a tymiánem.

22. Ovocný nanuk

Ingredience

- 1 kiwi
- 1 balíček jahod
- 1 balíček borůvek
- 1/2 manga
- bezinkový sirup
- Voda (podle chuti a velikosti formiček)

příprava

1. Nejprve si připravte tvary nanuků (v případě potřeby opláchněte) na ovocné nanuky a po ruce dejte buď víčka nebo dřevěné nanukové tyčinky.
2. Kiwi oloupeme a nakrájíme na plátky. Jahody omyjeme, očistíme a nakrájíme na malé kostičky. Dále omyjeme a roztřídíme borůvky. Nakonec mango oloupeme a nakrájíme na jemné nudličky.
3. Rozložte ovoce na zmrzlinové formy. Dobře naplňte. Bezinkový sirup podle chuti nařeďte vodou. Nalijte bezovou šťávu na formičky. Vložte víko nebo hůlky.
4. Zmrazte v mrazáku na několik hodin nebo přes noc. Ovocný nanuk se nejlépe uvolní z formy ponořením formiček do teplé vody.

23. Flambovaný mandarinkový pomelo salát

Ingredience

- 4-6 mandarinek (bez semínek, případně cca 300-400 g satsumas nebo klementinek)
- 1 pomelo (nebo 2 růžové grapefruity)
- 1 banán
- 2 limetky (nestříkané)
- 2-3 lžíce medu (zahřátého)
- Rozinky (namočené v grappě nebo rumu, podle chuti)
- 4 lžíce vlašských ořechů
- 6 lžic rumu (vysokoprocentní nebo koňak atd. na flambování)

příprava

1. Na flambovaný mandarinkový pomelo salát oloupejte mandarinky, nakrájejte je na měsíčky a odstraňte z nich co nejvíce slupky nebo alespoň bílé nitě. Pomelo také oloupeme, rozdělíme na měsíčky a oloupeme z nich slupku. (Praskliny se mohou rozpadnout.) Mandarinky a pomelo dejte do misky s vyteklou šťávou. Limetky dobře omyjte a kůru vetřete na struhadle přímo do mandarinek. Jemně promíchejte.

2. Limetky vymačkejte. Nyní banán oloupeme, nakrájíme na plátky a ihned pokapeme trochou limetkové šťávy. Ozdobně naaranžujte na talíře s marinovanými mandarinkami.
3. Zbylou limetkovou šťávu smíchejte s rozehřátým medem a pokapejte salát. Vlašské ořechy nasekejte nahrubo a krátce opečte na pánvi bez oleje. Smíchejte s namočenými rozinkami podle potřeby a posypte salát. Zalijte je alkoholem a zapalte. Flambovaný salát s mandarinkou a pomelem se hodí k křupavému křehkému těstu, italskému cantucci nebo ladyfingers.

24. Mísa z těsta na sušenky

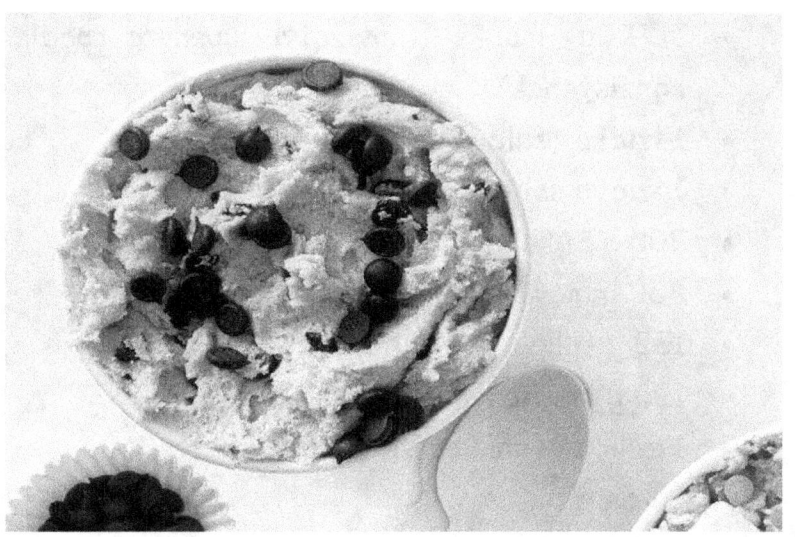

Ingredience

- 500 g mouky (množství upravte podle konzistence)
- 1 lžička jedlé sody
- 1 lžička soli
- 300 g čokolády
- 250 g másla (měkké)
- 135 g cukru (hnědého)
- 190 g krupicového cukru
- 1 balíček vanilkového cukru
- 2 vejce

příprava

1. Nejprve si předehřejte troubu na 190 °C na mísu na sušenky.
2. Smíchejte mouku, jedlou sodu a sůl a dejte stranou. Čokoládu nasekejte.
3. Máslo, dva druhy cukru a vanilkový cukr vyšleháme do krému. Jedno po druhém přidejte vejce a pokaždé dobře vmíchejte. Střídavě po částech vmíchejte moučnou směs a kousky čokolády, dokud nedosáhnete konzistence, kterou lze vyválet. Těsto by nemělo být příliš drobivé, aby se později dalo snadno tvarovat. Prohněteme, zabalíme

do potravinářské fólie a dáme na půl hodiny do lednice.
4. Mezitím vymažeme dno formy na muffiny máslem.
5. Těsto rozválejte. Vykrajujte kolečka, která jsou větší než formičky na košíčky. Opatrně umístěte kruh těsta přes nabobtnaný plech do formy na muffiny a přitlačte. Mezi skořápkami sušenek vždy nechte výstupek.
6. Mísu na sušenky pečte asi 10 minut. Vyjměte a nechte vychladnout (tím ztuhnou). Opatrně vyjměte z formiček na muffiny.

25. Sladké kaštanové krokety

Ingredience

- 500 g kaštanů (loupaných)
- 250 ml mléka
- 90 g sušenkové strouhanky (nebo drcených křehkých sušenek)
- 1 lžička pomerančové kůry (z neupraveného bio pomeranče)
- 1 lžička citronové kůry (z neupraveného bio citronu)
- 150 g másla
- 2 vejce
- 70 g sušenkové strouhanky (na obalování)
- 1 lžička vanilkové dřeně
- 1 lžička cukru
- Olej (na smažení)
- krupicový cukr (na posypání)

příprava

1. Kaštany vařte ve vodě 20 minut do změknutí, sceďte a rozmixujte na sladké kaštanové krokety.
2. V míse smícháme mléko s pomerančovou a citronovou kůrou, drobenkou, cukrem a vanilkovou dužinou, pomalu zahřejeme a poté vmícháme kaštanové pyré.

3. Rozšleháme vejce, rozšleháme a vmícháme do kaštanové směsi.
4. Pomocí sáčku napíchněte tyčinky o délce 3 cm a nechte je vychladnout. Poté vlhkýma rukama tvarujte z tyčinek krokety nebo kuličky velikosti vlašského ořechu.
5. Rozklepneme druhé vejce a dochutíme solí.
6. Krokety namáčíme, otočíme v sušenkové strouhance a smažíme na rozpáleném oleji na 180 °C.
7. Hotové krokety vyndejte děrovanou lžící z oleje a nechte okapat na kuchyňském vále.
8. Sladké kaštanové krokety před podáváním posypte krystalovým cukrem.

26. Ovocný salát s vanilkovým krémem a rudými sušenkami

Ingredience

- 1 ks Mango
- 1 kus banánu
- 1 hruška
- 2 ks. Broskev
- 2 kusy pomeranče
- 2 lžíce bezového sirupu
- 1 ks Rama Cremefine (vanilka)
- 4 kusy oreo sušenek

příprava

1. Na ovocný salát s vanilkovým krémem a rudými sušenkami oloupeme mango, banán a hrušku a nakrájíme na malé kostičky. Stejným způsobem nakrájejte broskve. Pomeranče vymačkáme, šťávu přidáme k plodům, osladíme sirupem z bezového květu. Dobře promíchejte a nechte 2 hodiny marinovat.
2. Porazte Rama Cremefine, rozdrobte sušenky.
3. Ovocný salát rozprostřeme na dezertní misky, zalijeme vanilkovým krémem a navrch rozložíme nadrobené sušenky.

27. Ovocný salát s lihovinou

Ingredience

- 1 banán
- 4 meruňky
- 1 broskev
- 15 hroznů
- 1 pomeranč (šťáva)
- 2 polévkové lžíce. Bezinkový likér

příprava

1. Na ovocný salát s lihovinou nejprve nakrájíme ovoce na kousky, vymačkáme pomeranč a přidáme šťávu, přidáme bezinkový likér, dobře promícháme. Chlaďte asi 60 minut.
2. Ovocný salát s lihovinou pak rozdělte do misek a podávejte.

28. Ovocný salát se skořicí

Ingredience

- 1 šálek přírodního jogurtu (1,5%)
- 1 lžička skořice
- 1 lžička medu
- 2 lžíce ovesných vloček
- 2 lžíce kukuřičných vloček
- 1 jablko
- 1 banán
- 1 hrst hroznů

příprava

1. Na ovocný salát se skořicí zbavte jablka jádřince a nakrájejte na malé kousky. Dále nakrájíme banán na plátky.
2. Hrozny rozpůlíme a zbavíme jádřinců. Jogurt smícháme se skořicí a medem a v míse smícháme s nakrájeným ovocem.
3. Navrch nasypte vločky a vychutnejte si ovocný salát se skořicí.

29. ovocný salát

Ingredience

- 1 banán
- 1 jablko
- nějaké rozinky
- 10 jahod
- Čokoládové posypky (na ozdobu)

příprava

1. Do ovocného salátu nakrájejte banán, jablko a jahody na kousky o velikosti sousta.
2. Rozinky a ovoce dejte do mísy a ozdobte čokoládovou polevou.

30. Salát z exotického ovoce

Ingredience

- 1/2 granátového jablka
- 1/2 ks. Mango
- 1 kus. Tomel
- 200 g papáji
- 1 kus banánu

příprava

1. Granátové jablko vymačkejte a šťávu a semínka dejte do misky na salát z exotického ovoce. Mango, tomel, papája a banán nakrájíme na kousky a smícháme s granátovým jablkem.

31. Ovocný salát s vanilkovou zmrzlinou

Ingredience

- 2 kusy pomerančů
- 2 jablka
- 1 kus banánu
- 1 citron (šťáva z něj)
- 1/2 plechovky višní (vypeckovaných)
- 2 lžíce medu
- 4cl rumu
- 4 vanilková zmrzlina
- 125 ml šlehačky
- 1 hrst loupaných mandlí

příprava

1. Na ovocný salát s vanilkovou zmrzlinou oloupeme pomeranč, jablka a banán a společně nakrájíme na tenké plátky. Pokapejte citronovou šťávou.
2. Scedíme a přidáme višně. Med s rumem rozmícháme dohladka, zalijeme ovocem a necháme louhovat.
3. Led rozprostřete na vychlazené talíře a zalijte je ovocným salátem. Šlehačku vyšleháme dotuha a ozdobíme s ní ovocný salát.

4. Navrch nasypte mandlové lupínky a ovocný salát podávejte s vanilkovou zmrzlinou.

32. Ovocný salát s kopanou

Ingredience

- 1 ks oranžový
- 150 g jahod
- 100 g malin
- 1/4 kusu melounu
- 1 jablko
- 100 g třešní
- 1 citron
- 50 gramů hroznů
- 40 ml Malibu

příprava

1. U ovocného salátu odstraňte zeleň z jahod a omyjte je s malinami, třešněmi a hrozny. Dále oloupeme pomeranč a meloun a nakrájíme na malé kousky.
2. Jahody rozpůlíme a rozčtvrtíme. Jablko zbavíme jádřince a nakrájíme na malé kousky. Třešně zbavíme jádřinců a nakrájíme na poloviny s hrozny. Ovoce smícháme v míse a vymačkáme z něj citron.
3. Nakonec ovocný salát zakápněte Malibu a dobře promíchejte.

33. Ovocný salát s rumovými rozinkami

Ingredience

- 1 kus banánu
- 1 jablko
- 1 ks Mango
- 1 ks pomeranč (šťáva z něj)
- 4 lžíce rumových rozinek
- 1 lžíce medu

příprava

1. Na ovocný salát s rumovými rozinkami oloupeme mango a odkrojíme jádřince. Dále oloupeme banán, podélně rozpůlíme a nakrájíme na plátky.
2. Jablko rozčtvrtíme a nakrájíme na malé plátky. Vymačkejte pomeranč. Ovoce namarinujte medem a pomerančovou šťávou, promíchejte s rumovými rozinkami.
3. Rozdělíme do dezertních misek a ovocný salát s rumovými rozinkami podáváme dobře vychlazený.

34. Ovocný salát s jogurtovým kloboukem

Ingredience

- 1 jablko
- 1 ks oranžový
- 1 hruška
- 50 g hroznů
- 500 g jahodového jogurtu (light)
- 1 dávka tekutého sladidla
- 4 kusy třešní Amarena

příprava

2. Na ovocný salát s jogurtovým kloboukem ovoce oloupejte a nakrájejte.
3. Pomeranč vyfiletujte, svařte 50 ml vody s 1 střikem sladidla. Ovoce krátce přivedeme k varu. Vypusťte.
4. Jahodový jogurt smícháme s kousky ovoce, naplníme do misek a každou ozdobíme třešničkou.
5. Ovocný salát podávejte s jogurtovou čepicí.

35. Ovocný salát s jogurtem

Ingredience

- 250 g hroznů
- 3 kusy nektarinek
- 250 g přírodního jogurtu
- Brusinky (podle chuti)

příprava

1. Na ovocný salát omyjte hrozny a nektarinky a poté nektarinky nakrájejte na kousky. Dále dejte do mísy a přidejte hrozny.
2. Dobře promíchejte a nalijte do malých misek, naplňte přírodním jogurtem a podle chuti přidejte brusinky.

36. Ovocný salát s hermelínem

Ingredience

- 1/2 kusu cukrového melounu
- 2 plátky melounu
- 2 kusy pomeranče
- 2 ks. Kiwi (žlutá)
- 4 plátky hermelínu
- sůl
- 2 lžíce oleje
- 2 lžíce bílého vinného octa
- Pepř (bílý)

příprava

1. Na ovocný salát s hermelínem jeden pomeranč dobře omyjte, oloupejte slupku s kůrou, pomeranč rozpulte a vymačkejte. Šťávu si nechte na marinádu.
2. Druhý pomeranč oloupejte a vyfiletujte nahusto. Kiwi oloupeme a nakrájíme na kousky. Vykrajovátkem kuliček vypichujte z melounů kuličky různých velikostí.
3. Všechno ovoce naaranžujeme na talíř, poklademe hermelínem a zalijeme marinádou z octa, oleje, soli, bílého pepře a pomerančové kůry.

37. Ovocný salát se slunečnicovými semínky

Ingredience

- 2 baby ananas
- 1 jablko
- 1 hruška
- 2 lžíce citronu (šťáva)
- 2 banány
- 1 kiwi (možná 2)
- 6 lžic pomerančové šťávy
- 2 lžíce kokosové omáčky
- 2 lžíce slunečnicových semínek

příprava

1. Na ovocný salát se slunečnicovými semínky ananas očistíme, zbavíme slupky a nakrájíme na plátky silné asi 1/2 cm.
2. Odstraňte stopku, plátky rozčtvrťte a vložte do dostatečně velké mísy. Jablko a hrušku omyjte, zbavte jádřinců, nakrájejte na kostičky a smíchejte s ananasem.
3. Kousky ovoce pokapejte šťávou z jednoho citronu, banány a kiwi zbavte slupky, nakrájejte na jemné plátky a opatrně vložte pod zbytek ovoce.
4. Salát přelijte pomerančovou šťávou a slunečnicovými semínky a hotový ovocný

salát podávejte se slunečnicovými semínky posypanými kokosem.

38. Ovocný salát s jogurtovou omáčkou

Ingredience

- 500 g jahod
- 2 lžíce cukru
- 0,5 charantais nebo medový meloun
- 200 g švestek např. modré a žluté
- 4 lžíce limetkové šťávy (nebo citronové šťávy)
- 1 šálek (236 ml) nakrájeného ananasu
- 150 g smetanového jogurtu
- 1 balíček vanilkového cukru
- Možná trochu čerstvé máty

příprava

1. Jahody omyjeme a očistíme a rozpůlíme nebo rozčtvrtíme podle velikosti. V zapékací míse posypeme cukrem. Přikryjeme a kreslíme asi 15 minut.
2. Meloun zbavíme jádřince a nakrájíme na měsíčky. Maso odřízněte od kůže. Švestky opláchneme a nakrájíme od pecky na měsíčky. Pokapeme šťávou z limetky nebo citronu. Smíchejte připravené ingredience.
3. Na ananasovou omáčku nakrájíme na kostičky kromě 1 plátku a rozetřeme se

šťávou. Vmícháme jogurt a vanilkový cukr. Na formu ovocného salátu.
4. Zbytek ananasu nakrájíme na kostičky. Pokud chcete, nasekejte mátu. Obojí posypte hlávkovým salátem.

39. Ovocný salát s vanilkovo-jogurtovou omáčkou

Ingredience

ovoce:

- 2 jablka
- 1 banán
- Šťáva z 1/2 citronu
- 2 pomeranče

Omáčka:

- 1 vaječný bílek
- 2 lžíce cukru
- 1 vanilkový lusk
- 75 g jogurtu
- 1 žloutek
- 100 g šlehačky

příprava

1. Jablka nakrájejte na měsíčky, banán nakrájejte a pokapejte šťávou z citronu. Pomeranče nakrájíme na kousky. Ovoce rozdělte rovnoměrně na čtyři talíře.
2. Z bílků ušleháme tuhý sníh, do omáčky přisypeme cukr. Vanilkový lusk. Vyškrábejte, promíchejte s jogurtem a žloutkem. Šlehačku ušleháme dotuha, přimícháme k bílku. Do ovocné formy.

40. Rychlý ovocný salát

Ingredience

- 1 jablko (střední)
- 1 banán
- 1 hrst hroznů
- nějaké jahody
- nějaké třešně (vypeckované)
- 1 plechovka ovocného koktejlu
- citrón
- třtinový cukr (pokud je potřeba)

příprava

1. Pro rychlý ovocný salát ovoce v případě potřeby omyjte, nakrájejte a zbavte jádřince. Banány pokapejte citronovou šťávou, aby nezhnědly.
2. Vše dáme do mísy s ovocným koktejlem a dochutíme třtinovým cukrem a vanilkovým cukrem.

41. Tropické ovoce a ovocný salát s kopanou

Ingredience

- 1/2 ananasu
- 1 kus banánu
- 12 kusů třešní Amarena
- 4 lžíce grenadinového sirupu
- 4 lžíce kokosového rumu
- 60 ml vaječného likéru

příprava

1. Banán oloupeme a nakrájíme na plátky na tropické ovoce a ovocný salát s kopem. Dále oloupeme ananas, vykrojíme stopku a dužinu nakrájíme na malé kousky.
2. Kousky ananasu a plátky banánu smíchejte s grenadinovým sirupem, kokosovým rumem a vaječným likérem, nechte alespoň 1 hodinu marinovat.
3. Tropický ovocno-ovocný salát s nakopnutím do 4 krásných sklenic a pokrytý 3 černými třešněmi.

42. Barevný ovocný salát

Ingredience

- 500 g hroznů (bez pecek)
- 2 jablka
- 2 hrušky
- 2 ks. Broskev
- 1/2 kusu cukrového melounu
- 500 g jahod
- 2 kusy pomeranče
- 2 kousky citronu (šťáva z něj)
- 5 lžic sirupu z bezového květu
- 4 lžíce medu

příprava

1. Na ovocný salát oloupejte pomeranče a vyfiletujte měsíčky pomeranče, poté ze zbytku vymačkejte šťávu.
2. Jahody očistíme a nakrájíme. Jablka, hrušky a melouny zbavte semínek a nakrájejte na malé kousky. Dále rozpůlíme hrozny, nakrájíme broskve.
3. Všechno ovoce dejte do velké mísy, smíchejte s bezovým sirupem a medem. Ovocný salát vychladne jednu hodinu.

43. Tvarohový jogurtový krém s ovocným salátem

Ingredience

- 300 g jogurtu (řecký)
- 250 g krémové hrnce
- 2 lžíce agávového sirupu
- 2 lžíce vanilkové pasty
- 1/2 jablka
- 1/2 hrušky
- 60 g borůvek
- 15 hroznů (bez pecek)
- 6 jahod
- 4 cl maraschino
- 2 lžíce citronové šťávy

příprava

1. Na tvaroh a jogurtový krém s ovocným salátem zbavte jablka a hrušky jádřince a nakrájejte na kousky.
2. Hrozny rozpůlíme a jahody rozčtvrtíme. Ovoce marinujte maraschino a citronovou šťávou, dejte na 30 minut do lednice. Jogurt smícháme s tvarohem, agávovým sirupem a vanilkovou pastou.
3. Tvarohový krém rozetřeme na dezertní misky a navrch nasypeme ovoce a šťávu.

Jogurtový krém s ovocným salátem ihned podáváme studený.

44. Ovocný salát bez cukru

Ingredience

- 4 jablka (bio)
- 500 g hroznů (bio)
- 500 g jahod (bio)
- 4 banány (bio, zralé)
- 3 hrušky (bio)
- 6 lžic rock candy (prášek)
- 1 citron

příprava

1. Ovoce na ovocný salát velmi dobře omyjeme a nakrájíme na malé kostičky. NELOUPEJTE, protože většina vitamínů je ve slupce! Místo toho dejte vše do velké mísy a dobře promíchejte.
2. Poté navrch posypte rock candy a znovu dobře promíchejte. Ke konci přidáme citronovou šťávu, aby jednak ovoce nezhnědlo a jednak dodalo ovocnému salátu určitou živost.

45. Jednoduchý ovocný salát

Ingredience

- 400 g ananasu (na kousky)
- 3-4 jablka (malá)
- 1-2 kousky banánů
- 1 ks oranžový
- 1 kus. Tomel
- 1-2 ks. Kiwi

příprava

1. Nejprve dejte ananas a šťávu z plechovky do velké mísy na ovocný salát. Poté jablka zbavíme jádřinců a nakrájíme na malé kousky a přidáme k ananasu.
2. Poté oloupejte ostatní ovoce a nakrájejte je na malé kousky. (tomel lze jíst i se slupkou)
3. Naaranžujte a podávejte ovocný salát.

46. Veganský ovocný salát

Ingredience

- 1 ks Grapefruit
- 2 kusy kiwi
- 1 jablko
- 3 lžíce sojového jogurtu

příprava

1. Na ovocný salát oloupejte grapefruit a kiwi, jablko omyjte. Poté vše nakrájíme na malé kousky a dáme do mísy.
2. Přidejte sójový jogurt a vše dobře promíchejte.

47. Salát ze žlutého ovoce

Ingredience

- 1 ks Mango (zralé)
- 2 hrušky (žluté, zralé)
- 2 jablka
- 2 kousky banánu
- 2 broskve (žlutomasé)
- 1 citron
- 1 lžíce medu (tekutého)

příprava

1. Na ovocný salát oloupejte mango, oddělte ho od pecky a nakrájejte na kousky o velikosti sousta. Hrušky a jablka omyjeme, zbavíme jádřinců a nakrájíme na kousky.
2. Banány oloupeme a nakrájíme na kousky o velikosti sousta. Poté broskve omyjte, zbavte jádřinců a nakrájejte je na kousky velikosti sousta.
3. Nakrájené ovoce dáme do mísy a promícháme. Vymačkejte citron. Šťávu smícháme s medem a pokapeme ovoce.

48. Melounový ovocný salát

Ingredience

- 300 g melounu
- 1/2 kusu medového melounu
- 1/2 kusu cukrového melounu
- hrozny
- 1 jablko
- 2 kousky pomeranče (šťáva z něj)
- 2 lžíce medu
- 125 ml vody

příprava

1. Na melounový ovocný salát oloupeme a očistíme melouny a nakrájíme na malé kostičky. Hrozny rozpůlíme. Jablko oloupeme a nakrájíme na malé kostičky. Vymačkejte pomeranče.
2. Vodu s medem přivedeme k varu, zchladíme a nalijeme na kostky ovoce, přidáme pomerančovou šťávu. Dejte na chladné místo a nechte marinovat alespoň 60 minut.

49. Salát z kiwi

Ingredience

- 600 g ananasu
- 4 kiwi
- 2 banány
- 1 granátové jablko
- 2 balíčky vanilkového cukru
- 2 lžíce moučkového cukru
- 3 lžíce citronu (šťáva)
- 3 lžíce grenadinového sirupu

příprava

1. Na salát z kiwi nejprve nakrájejte ananas podélně na osminky, spodek stonku nakrájejte na malé kousky a dužinu ze slupky nakrájejte šikmo na kousky. Oloupejte a nakrájejte kiwi a banány.
2. Granátové jablko šikmo naříznutí, lžící vyškrábneme semínka a šťávu. Vše smícháme v míse. Šťávu z jednoho citronu, moučkový cukr, vanilkový cukr a grenadinu smícháme s ovocem. Přineste kiwi ovocný salát na stůl ledově studený.

50. Ovocný salát ze švestek a ananasu

Ingredience

- 1 ananas
- Cointreau
- Miláček
- máta
- 11 švestek
- moučkový cukr

příprava

1. Nakrájejte ananas na švestkovo-ananasový ovocný salát. Švestky rozpůlte a zbavte jádřince, nakrájejte na měsíčky a marinujte v Cointreau, mátě a medu.
2. Přidejte kousky ananasu, promíchejte a celý ovocný salát naaranžujte do vydlabaného ananasu. Poprášíme moučkovým cukrem a podáváme švestkový, ananasový a ovocný salát.

51. Ovocný salát s granátovým jablkem

Ingredience

- 1/2 granátového jablka
- 2 mandarinky
- 2 banány
- 4 švestky
- 1 jablko
- 1 noha

příprava

1. Na ovocný salát s granátovým jablkem nejprve vymačkejte polovinu granátového jablka lisem na citrusy a vložte do misky (vše - včetně semínek, které zbyly z procesu vymačkávání).
2. Mandarinky také vymačkejte. Banány nakrájíme, přidáme a rozmačkáme vidličkou. Švestky, jablko a kaki nakrájíme na malé kousky a vmícháme - ovocný salát s granátovým jablkem je hotový.

52. Ovocný salát s ořechy

Ingredience

- 2 kusy pomeranče
- 2 banány (zralé)
- 1 jablko
- 1 hruška
- 2 lžíce vlašských ořechů (strouhaných)

příprava

1. Na ovocný salát vymačkáme pomeranče a dáme do mísy. Lze přidat i dužinu (bez pecek). Dále oloupejte a nakrájejte banány.
2. Pomerančovou šťávu rozmačkejte vidličkou. Jablko a hrušku nakrájíme a promícháme. Posypeme strouhanými ořechy.

53. Koktejl z čerstvého ovoce

Ingredience

- 1 ananas (Havaj, oloupaný)
- 4 broskve (loupané)
- 2 granátová jablka (odstraněné pecky)
- 2 jablka Granny Smith (vypeckovaná, nakrájená na kostičky)
- 400 g hroznů (zelené a bez pecek)

příprava

1. Na ovocný koktejl omyjte ovoce a vše nakrájejte na kousky.
2. Ovoce promícháme a podáváme společně.

54. Ovocný salát s mátou

Ingredience

- 2 meruňky
- 2 broskve
- 1 hruška
- 1 hrst jahod (očištěných)
- 6 lístků máty (nakrájené na proužky)
- 3 lžičky cukru

příprava

1. Na ovocný salát s mátou omyjte meruňky a broskve, zbavte jádřinců a nakrájejte na malé kostičky. Hrušku omyjeme a rozčtvrtíme, zbavíme jádřinců a nakrájíme na kostičky. Jahody rozdělte na příjemné kousky, vše dobře promíchejte.
2. Přidejte cukr a mátu a ovocný salát s mátou podávejte studený.

55. Salát s melounem a hruškami s krevetami

Ingredience

- 190 g krevet (marinovaných)
- 2 plátky melounu
- 1 hruška
- 1 kapka balzamikového octa (rosso)
- 1/2 svazku pažitky

příprava

1. K melounu a hrušce nakrájíme meloun a hruškový salát s krevetami na větší kostky.
2. Pažitku také nakrájejte na malé kousky.
3. Smažte krevety na nepřilnavé pánvi několik minut bez přidání dalšího tuku, protože jsou již marinované. Nakonec smažte kostky melounu asi 1 minutu a poté pánev stáhněte z plotny.
4. Vmícháme kostky hrušek a necháme 1 minutu odstát. Dochuťte špetkou balzamikového octa, znovu promíchejte a podávejte salát s melounem a hruškami s krevetami posypanými pažitkou.

56. Salát z pomerančů a kiwi s ledem

Ingredience

- 3 kusy pomeranče
- 4 kusy kiwi
- 100 g koktejlového ovoce
- Pomerančový likér (dle chuti)
- 1 ks pomeranč (šťáva z něj)
- 2 lžíce medu
- 1/2 citronu (šťáva z něj)
- Pistácie (nakrájené)
- 120 g vanilkové zmrzliny

příprava

1. Na pomerančový a kiwi salát se zmrzlinou oloupeme pomeranče a kiwi a nakrájíme na tenké plátky. Koktejlové ovoce sceďte.
2. Ovoce rozmixujeme a necháme vychladit. Skleněné misky vychlaďte. Pomerančovou a citronovou šťávu smícháme s pomerančovým likérem a medem, opatrně promícháme s ovocem a dáme na půl hodiny odpočinout do lednice.
3. Vanilkovou zmrzlinu rozdělte na čtyři části. Do každé z vychlazených skleněných misek dáme porci vanilkové zmrzliny, zalijeme

ovocným salátem, posypeme nasekanými pistáciemi a ihned podáváme.

57. Višňový kompot

Ingredience

- 1 kg višní
- voda
- 4 lžíce třtinového cukru
- 1 špetka vanilkového cukru

příprava

1. Na višňový kompot omyjeme a zbavíme jádřinců. Vložte do velkého hrnce a zalijte vodou, aby byly višně pokryty. Přidáme třtinový cukr a vanilkový cukr.
2. Kompot priveďte k varu a vařte doměkka asi 5 minut. Mezitím si připravte sklenice. Višňový kompot nalijeme do sklenic, uzavřeme a očistíme.
3. Poté otočte dnem vzhůru (aby mohl ve sklenicích vytvořit podtlak) a přikryjte dekou (pro pomalé chlazení).

58. Ananas s panákem

Ingredience

- 1 kus. Ananas 1,5 kg
- 1/8 l zakysané smetany
- 3 kusy banánů
- 2 stamperl rum (bílý)
- 50 g čokoládových posypů

příprava

1. Panákem ananasu odřízněte víčko pro ananas. Dále malým nožem vykrájejte dužinu (1 cm okraj nechte odstát) a dužinu nakrájejte na kousky cca. o velikosti 1 cm.
2. Banán nakrájíme na tenké plátky a v míse smícháme s kousky ananasu a zbylými ingrediencemi a vlijeme do prázdného ananasu. Přikryjte ananas poklicí a dejte ananas do lednice až do podávání.

59. Bezový ocet

Ingredience

- 3/4 l octa
- 2 lžíce akátového medu
- 3/4 sklenice květ černého bezu

příprava

1. Pro bezový ocet naplňte čistou, uzavíratelnou litrovou nádobu do 3/4 květem černého bezu, který byl pečlivě otrhán od hmyzu.
2. Med a ocet ušlehejte, zalijte a nechte asi 4 týdny na tmavém místě.
3. Bezový ocet skladujte ve sklenici nebo ihned použijte.

60. Sójový pudink s barevným ovocným salátem

Ingredience

- 500 ml sójového nápoje
- 1 balíček vanilkového pudinkového prášku
- 2 lžíce cukru
- 1 broskev
- 1 ks kiwi
- 3 jahody
- 8 litchis
- 1 hrst hroznů
- 1 kus limetky (šťáva)
- 2 lžíce bezového sirupu

příprava

1. Na sójový pudink s barevným ovocným salátem uvaříme vanilkový pudink se sójovým nápojem podle návodu na obalu, naplníme do formiček na pudink a dáme na pár hodin do lednice.
2. Ovoce nakrájíme na malé kousky, marinujeme v limetkové šťávě a sirupu z bezového květu. Vyklopte pudink z formy, kolem pudingu položte ovocný salát.

61. Ovocný salát s melounem

Ingredience

- 150 g malin
- 100 g lesního ovoce (např. ostružiny, borůvky)
- 2 broskve (velké)
- 8 meruněk
- 8 švestek
- 1 citron
- 50 gramů cukru
- 50 ml maraschino
- 1 meloun (střední)
- Máta peprná (čerstvá)

příprava

1. Na ovocný salát s melounem broskve nejprve oloupeme, zbavíme jádřince, rozčtvrtíme a nakrájíme. Dále rozpůlíme meruňky a švestky, odstraníme jádřince a nakrájíme na kousky. Maliny a cukr dejte do dostatečně velké mísy a pokapejte citronovou šťávou a maraschinem. Krátce vychladit.
2. Meloun rozřízněte, dužinu nakrájejte na malé kostičky a smíchejte se zbylým ovocem. Ovocný salát ozdobte melounem a mátou peprnou a přineste na stůl.

62. Hruškový a švestkový salát

Ingredience

- 1/2 kg švestek
- 1/2 kg hrušek
- 3 lžíce citronu (šťáva)
- 2 lžíce hruškového sirupu
- 5 dní mandlové lupínky
- 5denní slunečnicová semínka
- 1/4 l kyselého mléka

příprava

1. Na salát s hruškami a švestkami opečte slunečnicová semínka na pánvi bez tuku, dokud nebudou voňavá. Necháme vychladnout.
2. Švestky omyjeme, rozpůlíme, zbavíme jádřince a půlky nakrájíme na plátky.
3. Hrušky oloupeme a rozčtvrtíme, zbavíme jádřinců a ovoce nakrájíme na kostičky.
4. Kousky ovoce pokapejte citronovou šťávou.
5. Zbytek citronové šťávy, hruškový sirup a kyselé mléko smícháme a vmícháme do ovoce.
6. Hruškovo-švestkový salát posypeme slunečnicovými semínky a mandlovými vločkami.

63. Ovocný salát s arašídovým dipem

Ingredience

- 1/2 cukru meloun
- 1/2 ananasu
- 1 balíček physalis
- nějaké hrozny (velké, bez pecek)
- 3 lžíce arašídového másla (křupavé)
- 4 lžíce pomerančové šťávy (čerstvě vymačkané)
- 2 lžíce limetkové šťávy (čerstvě vymačkané)
- 1/2 lžičky moučkového cukru
- 4 párátka

příprava

1. Nejprve forst, na ovocný salát s arašídy nakrájejte plátek ananasu na kostičky velikosti sousta, oloupejte a také nakrájejte na kostičky. Hrozny omyjte.
2. Na dip smíchejte arašídové máslo s čerstvě vymačkanou pomerančovou a limetkovou šťávou a moučkovým cukrem.
3. Ovocný salát podávejte s arašídovým dipem. Kousky ovoce napíchejte párátkem a namáčejte je v dipu.

64. Kokosový ovocný salát s drceným ledem

Ingredience

- 1 kokos
- mix ovoce dle libosti (papája, ananas, mango)
- Azuki fazolové kostky (nebo kostky agar-agaru)
- 1,5 lžíce javorového sirupu
- Hnědý cukr podle chuti
- 3,5 lžíce hustého kokosového mléka
- 4 šálky jemně drceného ledu
- Skořice podle chuti

příprava

1. Nejprve otevřete kokos. K tomu vyrazte v kokosu 2 nebo 3 dírky na tmavých místech (dolíčky) pod vousy kladivem a hřebíkem. Umístěte síto na pánev, přidejte kokos a nechte kokosovou vodu odkapat. (V případě potřeby vyvrtejte otvory hlouběji vývrtkou.) Poté vložte kokos do trouby předehřáté na 180 stupňů na cca. 20 minut a znovu jej vyjměte. Tvrdě do něj udeřte kladivem a otevřete kokos. Uvolněte dužinu a nakrájejte na malé kostičky. Zbylé ovoce také nakrájejte na velmi malé kostičky a vše promíchejte. Kokosovou vodu smícháme s

kokosovým mlékem, javorovým sirupem a hnědým cukrem a nalijeme na ovoce. Jemně promíchejte. Vmícháme velmi jemně drcený led a podáváme.

65. Zmrzlina s fazolovou omáčkou a ovocným salátem

Ingredience

- 8 hrstí vaječných bílků (nebo drceného ledu)
- Fazolová pasta (červená)
- 250 ml cukrového sirupu
- 3 lžíce třešní amaretto (na ozdobu)
- Na ovocný salát:
- Ovoce (např. broskev, jahody, jak chcete)
- Citronová šťáva
- cukr

příprava

1. Smíchejte fazolovou pastu s cukrovým sirupem na zmrzlinu s fazolovou omáčkou a ovocným salátem. Nejprve nalijte do sklenice na víno trochu ledového sněhu. Dále navrch položte malou lžíci fazolové pasty a lžíci ovocného salátu. Ozdobte višněmi amaretto a podávejte.

66. Sýrovo-ovocný salát

Ingredience

- 3 ks meruněk
- 1/2 ananasu
- 1 jablko (velké)
- 300 g Goudy
- 250 ml šlehačky
- 3 lžíce ananasové šťávy
- Citronová šťáva
- 2 lžičky hořčice (horká)
- sůl
- pepř
- zelený salát (na ozdobu)

příprava

1. Na sýrovo-ovocný salát nakrájíme ovoce na měsíčky a kostičky, sýr nakrájíme na plátky.
2. Ze šlehačky, citronové šťávy, ananasové šťávy, hořčice, soli a pepře připravíme marinádu a nalijeme na ovoce a sýr. Vše dobře promícháme a necháme trochu vyluhovat.
3. Hotový sýr a ovocný salát naaranžujeme na listy salátu a podáváme.

67. Ovocný salát s ovocným dresinkem

Ingredience

Na dresink:

- 3 kiwi
- 2 hrušky (oloupané)
- Na salát:
- 2 banány
- 2 mandarinky
- 150 g hroznů (modré a bílé, bez pecek)
- 1 kiwi
- 1 hruška
- 1 jablko
- 1 hrst vlašských ořechů (nebo lískových)
- 4 lžíce cukru

příprava

1. Na ovocný salát s ovocným dresinkem si z plodů připravte ovocný salát.
2. Jablko a hrušku oloupeme a rozčtvrtíme, zbavíme jádřinců a znovu nakrájíme kousky ovoce.
3. V malém hrnci spaříme kousky jablek a hrušek s trochou vody a 1 lžící cukru al dente.
4. Kiwi a banány oloupeme a nakrájíme, hrozny omyjeme, otrháme stopky.

5. Mandarinky oloupeme a rozdělíme na měsíčky, ořechy nasekáme nahrubo.
6. Ovoce dobře promíchejte ve velké míse.
7. Na zálivku oloupeme kiwi a hrušky. Hrušky zbavte jádřince a ovoce vložte do vysoké mixovací kádinky.
8. Tyčovým mixérem rozmixujte na pyré se 3 lžícemi cukru.
9. Ovoce přelijeme zálivkou a ovocný salát podáváme s ovocným dresinkem posypaným sekanými ořechy.

68. Zapečený ovocný salát se studeným zapékáním

Ingredience

- 500 g tvarohu
- 250 ml šlehačky
- 1 banán (nakrájený na plátky)
- 10 jahod (nakrájených na kostičky)
- 10 hroznů (bílé, půlené)
- 1 špetka cukru
- 1 balíček křupavé
- 1 balíček mandlových plátků
- 1 balíček vanilkového cukru

příprava

1. Na ovocný salát rozdělte ovoce do misky. Tvaroh smícháme se šlehačkou a přidáme cukr. Směs nalijeme na ovoce a vše uhladíme.
2. Smíchejte plátky mandlí, křehký a vanilkový cukr a důkladně posypte vrch. Dejte do lednice alespoň na 60 minut.

69. Ovocný salát s křupavou quinoou

Ingredience

- 40 g quinoa
- 0,5 lžičky oleje z pšeničných klíčků
- 3 lžičky javorového sirupu
- 125 ml podmáslí
- 2 meruňky
- 200 g jahod (smíchané)

příprava

1. Pro těhotné a kojící ženy: vydatné müsli
2. Quinoa, obilná zrna ze Střední Ameriky, jsou mimořádně cenné díky vysokému obsahu bílkovin, železa a vápníku. Jsou drobné a mají velmi jemnou chuť. Podobně jako u Kukuruzu je můžete „popíchnout". Dejte ale pozor, aby příliš neztmavly. Jako dezert můžete salát doplnit kopečkem vanilkové zmrzliny.
3. Quinou na pánvi zalijte olejem a na mírném ohni zahřívejte, dokud nepraskne. Po 1 až 2 minutách přidejte třetinu javorového sirupu a krátce opečte, nalijte na studené prkénko a rozetřete. Podmáslí smícháme se zbytkem sirupu, přendáme do misky. Ovoce opláchněte, bobule očistěte, meruňky

nakrájejte na měsíčky. Obojí rovnoměrně rozprostřete v podmáslí. Poté navrch posypeme vychladlou quinou.

4. Z pukané quinoy lze vyrobit i výbornou zmrzlinu: Zamrazte čtvrt litru podmáslí. Vyndejte z mrazáku a smíchejte s 50 g medu a 1 špetkou vanilkového prášku do krémova. Dále vyšleháme 0,2 litru šlehačky a rychle vmícháme do podmáslí. Nakonec vmícháme vychladlou quinou – připravenou podle výše uvedeného popisu – a dáme zamrazit do mrazáku alespoň na 6 hodin. Dejte do lednice 30 minut před jídlem. Na stůl si přineste čerstvé ovoce nebo případně polotvrdou šlehačku.

70. Ovocný salát se sirupem chachacha

Ingredience

Chachacha mátový sirup:

- 100 g cukru
- 200 ml vody
- 200 ml pomeranče (džus)
- 3 mincovny
- 2 hřebíčky
- 6 lžic chachacha; Bílá pálenka z cukrové třtiny

Ovocný salát:

- 1 mango 650 g
- 1 papája 450 g
- 1 ananas 1,5 kg
- 4 tamarillos
- 3 pomeranče
- 250 g zemské armády
- 125 g rybízu
- 1 mučenka
- 3 mincovny

příprava

1. Na sirup svaříme cukr s 200 ml vody, pomerančovým džusem a stonky máty sirupově otevřeným způsobem. Přidejte

hřebíček a nechte vychladnout. Přidejte chachachu a nechte vychladnout.
2. Z manga, papáji a ananasu na salát odstraňte kůru. Maso z manga nakrájíme na pecku. Papáju rozpulte a lžící odstraňte semínka. Ananas rozčtvrťte a odstraňte stopku. Ovoce nakrájíme na kousky velikosti sousta. Tamarillo nakrájíme na stopku, vložíme na 1 minutu do vroucí vody, uhasíme a oloupeme. Ovoce nakrájíme na 1/2 cm silné plátky. Odstraňte bílou slupku pomerančů ze slupky a vyjměte filety mezi oddělujícími se slupkami. Jahody omyjeme, scedíme, rozpůlíme nebo rozčtvrtíme. Rybíz propláchneme, scedíme. Mučenku rozpůlte.
3. Odstraňte mátu a hřebíček ze sirupu. Smíchejte ovoce se sirupem, marinujte 10 minut. Otrhejte lístky máty a posypte ovocným salátem.

71. Ovocný salát s likérovou omáčkou

Ingredience

- 2 banány
- 2 jablka
- 2 lžíce citronů (šťáva)
- 125 g hroznů
- 2 pomeranče
- 4 meruňky
- 2 lžíce cukru

Na likérovou omáčku:

- 1 balení čerstvé smetany (150 g)
- 3 lžíce Grand Marnier
- 30 g jader lískových ořechů

příprava

1. Banány zbavíme slupky a nakrájíme na malé plátky. Jablka zbavíme slupky, rozčtvrtíme, zbavíme jádřinců a nakrájíme na kousky. Obě ingredience zakápněte citronovou šťávou. Hrozny omyjeme, dobře scedíme, zbavíme stopek, rozpůlíme a zbavíme jádřinců. Odstraňte kůru, odstraňte bílou slupku a pomeranče nakrájejte na kousky. Meruňky omyjeme, rozpůlíme, zbavíme jádřince a

nakrájíme na měsíčky. Suroviny smícháme s cukrem a vytvarujeme do mísy.
2. Na likérovou omáčku smíchejte crème fraîche s Grand Marnier, jádra lískových ořechů nakrájejte na malé plátky, přiklopte a omáčkou přelijte ovocnou formu.

72. Středomořský ovocný salát

Ingredience

- 3 granátová jablka
- 3 pomeranče
- 3 grapefruity (růžové)
- 4 obr
- kardamon
- 15 dní cukru
- 1/4 l sebrané ovocné šťávy (jinak přidejte pomerančovou šťávu)

příprava

1. Do salátu z ovoce Středomoří filetujte pomeranče a grapefruity: při sbírání šťávy oloupejte kůru včetně bílé vnitřní slupky. Poté uvolněte segmenty ovoce z tenké membrány a shromážděte šťávu.
2. Z granátových jablek odstraňte semínka.
3. Fíky pečlivě omyjeme a nakrájíme na plátky.
4. V malém kastrůlku rozpustíme cukr (bez tuku) a osmahneme (zkaramelizujeme).
5. Zalijeme nasbíranou šťávou, ochutíme kardamomem a necháme vychladnout.
6. Přidejte ovoce, opatrně promíchejte a nechte salát z ovoce Středomoří marinovat alespoň 3 hodiny.

73. Pohankové vafle s ovocným salátem

Ingredience

- 80 g másla
- 75 g akátového medu
- 2 vejce
- 0,5 vanilkového lusku (z něj dužina)
- 90 g pohankové mouky
- 80 g celozrnné mouky
- 1 lžička prášku do pečiva (vinný kámen)
- 150 ml minerální vody
- 100 g tvarohu
- 50 g jogurtu (přírodní)
- 1 lžíce javorového sirupu
- 1 jablko
- 1 hruška
- 250 g jahod
- citrony (šťáva)
- 1 zázvorový prášek

příprava

1. Celozrnné druhy mouky chutnají obzvláště dobře v čerstvě upečených vaflích. Vystačí si i s trochou tuku. Stručně řečeno: zdravá svačina mezi jídly.
2. Smíchejte máslo s medem do krémova. Vmícháme vejce a vanilkovou dužinu. Oba

druhy mouky smícháme s práškem do pečiva. Směs vmícháme do vaječné směsi. Přidejte tolik minerální vody, aby vzniklo viskózní těsto. Těsto namočte alespoň na 15 minut. V případě potřeby přilijte další minerální vodu a poté pečte vafle od 2 do 3 polévkových lžic, dokud se těsto nezpracuje. Tvaroh rozmícháme s jogurtem dohladka a osladíme polovinou javorového sirupu. Jablka, hrušky a jahody opláchněte. Jablko a hrušku rozčtvrtíme, zbavíme jádřinců a nakrájíme na kostičky. Kostky pokapeme trochou citronové šťávy. Vyberte bobule a smíchejte s ostatním ovocem. Ovocný salát dochutíme zbytkem javorového sirupu a zázvorovým práškem. Mezi dvě vafle rozprostřete trochu tvarohu,

3. Pokud nemáte doma pohankovou mouku, můžete použít pouze celozrnnou mouku.

74. Müsli s exotickým ovocným salátem

Ingredience

- 1 ananas
- 1/2 melounu Charentais
- 1 mango
- 1 kiwi
- 1 papája
- 8 jahod
- Celozrnné ovesné vločky
- Celozrnné vločky
- kukuřičné vločky
- Jádra lískových ořechů
- Vlašské ořechy
- mléko
- jogurt
- Vrstva sýra

příprava

1. Ovoce zbavíme kůry (podle sezóny a chuti), zbavíme pecek, nakrájíme na kostičky a promícháme. Přineste ingredience na müsli na stůl v malých zapékacích miskách podle potřeby a přineste je s mléčnými výrobky a ovocným salátem. Kdo má rád, může vše osladit medem nebo cukrem.

2. Tip: Použijte smetanový přírodní jogurt pro ještě jemnější výsledek!

75. Asijský ovocný salát se skleněnými nudlemi

Ingredience

- 1 pomeranč
- 1 balíček hrášku
- 1 balíček skleněných nudlí
- Miláček
- Listy máty
- 12 liči
- 0,5 feferonky
- cukr

příprava

1. Skvělé těstoviny pro každou příležitost:
2. Smíchejte nakrájenou polovinu feferonky a skleněné nudle uvařené v cukru. Navrch položíme filetovaný pomeranč a ozdobíme lístkem máty.

76. Pikantní ovocný salát

Ingredience

- 1/2 melounu (nejlépe bez pecek)
- 1 ks Mango (měkké)
- 250 g jahod
- 150 g feta
- Balzamikový ocet (tmavý, podle chuti)
- Pepř (čerstvě mletý, barevný, podle chuti)

příprava

1. Na pikantní ovocný salát nakrájejte vše na malé kousky a uložte na velký talíř.

77. Meloun s liči a ananasem

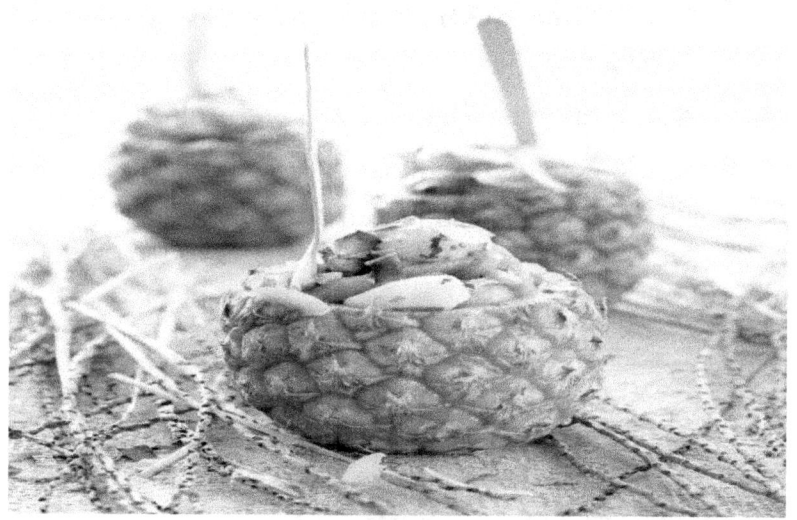

Ingredience

- 1 kus cukrového melounu (velký nebo 1/2 vodního melounu)
- 1 dávka (y) liči
- 400 g ananasu (nebo čerstvých jahod)
- 5 lžic zázvoru (z konzervy)
- Pár lžic ovocného likéru

příprava

1. U melounu s liči a ananasem vykrojíme a vydlabeme meloun, kterým naplníme hotový ovocný salát do misek.
2. Maso melounu nakrájejte na kostičky, případně i ostatní ovoce. Ovoce podle chuti přelijte likérem.
3. Kousky zázvoru nakrájíme nadrobno a vše promícháme. Chlaďte několik hodin.
4. Před podáváním nasypeme ovoce do poloviny melounové kůry a meloun podáváme s liči a ananasem.

78. Salát z vajec a ovoce

Ingredience

- 4 vejce
- 300 g hrušek
- 400 g plátků jablek
- 0,3 kg jogurtu
- 2 plátky celozrnného chleba (jemně nakrájené)
- 2 lžíce citronu (šťáva)
- 2 lžíce medu

příprava

1. Vejce na vajíčko a ovocný salát vařte 10 minut, opláchněte je a oloupejte.
2. Oddělte bílek a žloutek. Bílky nakrájíme nadrobno.
3. Na omáčku smícháme žloutky s jogurtem a dochutíme citronovou šťávou. Zahřejte med a zesklovatějte v něm kostky celozrnného chleba.
4. Na talíře naaranžujte měsíčky jablek a hrušek. Zalijeme nakrájeným bílkem a jogurtovou omáčkou a posypeme vejci a ovocným salátem s celozrnným chlebem.

79. Hruškový a hroznový salát

Ingredience

- 2 hrušky
- 15 dní modré hrozny (bez pecek)
- 15 dag bílých hroznů (malých, bez pecek)
- 5 dní lískových oříšků

Omáčka:

- 100 ml hroznové šťávy (červené)
- 1 lžíce citronové šťávy
- 3 lžíce medu (nebo cukru)
- 1 lžíce grappa

příprava

1. Lískové ořechy dejte na plech na hruškový a hroznový salát při cca. 120 °C, dokud nebudou voňavé. Skořápku potřete co nejteplejší utěrkou a nasekejte ořechy.
2. Hrozny omyjeme, otrháme z vinné révy a v případě potřeby rozpůlíme.
3. Hrušky oloupeme a rozčtvrtíme, zbavíme jádřinců a ovoce nakrájíme na kostičky. Ihned pokapejte citronovou šťávou, aby kousky nezhnědly.
4. Hroznový džus smícháme s medem (cukrem) a grappou a dochutíme.

5. Ovoce rozmixujeme a zakápneme šťávou.
6. Hruškový a hroznový salát podáváme posypaný nasekanými lískovými oříšky.

80. Ovocný salát s Campari

Ingredience

- 2 grapefruity (růžové)
- 3 pomeranče
- 1 hruška
- 1 jablko
- 3 Campari
- 1 balíček vanilkového cukru

příprava

1. Na ovocný salát s Campari filetujte grapefruit a 2 pomeranče: při sbírání šťávy oloupejte kůru včetně bílé vnitřní slupky. Poté uvolněte segmenty ovoce z tenké membrány a shromážděte šťávu.
2. Zbytek pomeranče vymačkejte.
3. Jablko a hrušku oloupeme a rozčtvrtíme, zbavíme jádřinců a nakrájíme na kousky.
4. Smíchejte pomerančovou a grapefruitovou šťávu, Campari a vanilkový cukr, dokud se cukr nerozpustí.
5. Ovoce smícháme v míse a zalijeme šťávou.
6. Ovocný salát ochlaďte Campari a nechte hodinu louhovat.

81. Sladkokyselá zálivka

Ingredience

- 2 cibule (střední)
- 250 ml ananasové šťávy
- 100 ml octa
- 3 kapky tabasco omáčky
- 3 lžíce cukru (hnědého)
- 3 lžíce ananasového džemu
- Pepř (čerstvě mletý)

příprava

1. Cibuli na sladkokyselou zálivku oloupeme a nakrájíme velmi nadrobno.
2. Na středním plameni rozpustíme cukr s ananasovou šťávou. Dále přidejte cibuli a prohřejte. Nakonec přidejte tabasco omáčku, pepř, džem a ocet.
3. Sladkokyselou zálivku případně zředíme špetkou vody.

82. Krém z vaječného likéru

Ingredience

- 2 žloutky
- 50 gramů cukru
- 20 g kukuřičného škrobu
- 100 ml mléka (1)
- 150 ml mléka (2)
- 1 vanilkový lusk
- 150 ml husté smetany (šlehačka se sníženým obsahem tuku)
- 100 ml vaječného likéru

příprava

1. Na vaječný krém smíchejte v zapékací míse kukuřici, cukr, žloutek a mléko, abyste vytvořili hladký krém.
2. V pánvi vytáhněte mléko a podélně rozkrojený vanilkový lusk s vydlabanými semínky a nechte 10 minut louhovat. Poté vyjměte vanilkový lusk.
3. Vanilkové mléko opět přivedeme k varu a za stálého míchání přelijeme na led. Vše vložíme zpět do pánve a za míchání zahříváme, dokud krém nezačne houstnout. Ihned nalijte sítko do vhodné misky a na krém položte potravinářskou fólii, aby se při

vychladnutí nevytvořila slupka. Necháme vychladnout alespoň 120 minut.
4. Těsně před podáváním vyšleháme šlehačku se sníženým obsahem tuku dotuha. Do smetany vmícháme vaječný koňak, poté vmícháme šlehačku. Krém z vaječného likéru naplňte do dezertních misek a posypte tamponem smetany nebo případně strouhaným kandovaným ovocem dle libosti.

83. Parfait z modrých hroznů s pomerančem a hroznovým salátem

Ingredience

Perfektní:

- 500 g aromatických modrých hroznů
- 75 gramů cukru; v závislosti na sladkosti hroznů
- 100 ml pomerančové šťávy (čerstvě vymačkané)
- 100 g cukru
- 4 žloutky
- 500 ml šlehačky

Ovocný salát:

- 200 g hroznů
- 200 g hroznů
- 2 pomeranče; filetované
- 2 lžíce pomerančového likéru
- 4 lžíce mandlí (vloček)

příprava

1. Hrozny, cukr a pomerančový džus dejte do hrnce na parfait. Za stálého míchání zahříváme, dokud hrozny neprasknou. Hrozny co nejvíce rozmačkejte. Vše protřeme přes síto, šťávu zachytíme a necháme vychladnout.

2. Žloutky vyšleháme s cukrem a 50 ml hroznové šťávy v horké vodní lázni do zhoustnutí a krému, poté je zašleháme ve studené vodě. Vmícháme zbytek hroznové šťávy. Šlehačku ušleháme dotuha a vmícháme. Vše vložte do uzavíratelné plastové dózy a zmrazte na jednu noc.
3. U ovocného salátu hrozny opláchněte, rozpůlte a zbavte jádřinců. Dále nafiletujte pomeranče, sbírejte šťávu. Šťávu smícháme s pomerančovým likérem a půlky hroznů a pomerančové filety krátce marinujeme.
4. K podávání položte na talíř kuličky hroznového parfaitu, vedle něj trochu hroznového a pomerančového salátu. Hlávkový salát posypte opraženými mandlovými lupínky.

84. Sýrová terina s vlašskými ořechy

Ingredience

- 100 g vlašských ořechů (nasekaných)
- 200 g mascarpone
- 2 vejce
- 2 žloutky
- 30 ml calvadosu
- 50 g mrkve
- 2 hrušky
- 20 g cukru
- 20 ml třešně

příprava

1. Smíchejte vlašské ořechy s mascarpone, vejci, žloutky a calvadosem a vložte do zapékací mísy. Poté pečte v troubě na 200 °C dobrou půl hodinu. Na ovocný salát oloupejte a nastrouhejte mrkev a hrušky. Poté smícháme s cukrem a třešní. Nakonec sýrovou terinu rozřízněte a přineste na stůl se salátem.

85. Makléřský salát

Ingredience

- 2 lžíce medu
- 8 mint (listy)
- 1/2 balení piniových oříšků
- moučkový cukr
- 2 citrony (šťáva z nich)

příprava

1. Na mišpulový salát oloupeme a zbavíme jádřinců, nakrájíme na malé kousky a dochutíme trochou medu a citronové šťávy. Vmícháme polovinu piniových oříšků.
2. Poté vložte do dezertní sklenice. Navrch posypeme zbylými piniovými oříšky, popráším moučkovým cukrem a mišpulový salát ozdobíme lístky máty.

86. Francouzský dresink

Ingredience

- 0,5 svazku kerblíku
- 0,5 svazku estragonu
- 2 listy libečku (čerstvé)
- 2 snítky petrželky
- 1 lžička soli
- 0,5 lžičky celerové soli
- 1 vejce (uvařené natvrdo)
- 4 lžíce oleje
- 1 lžička hořčice (horká)
- 6 lžic octa
- 1 vrchovatý kus kvarku
- 2 lžíce majonézy
- 4 lžíce šlehačky (čerstvé)

příprava

1. Po vychladnutí bylinky opláchněte, nahrubo oloupejte a zbavte stopek. Listy rozmixujte se solí a celerovou solí na kaši (nebo rozmixujte 1/2 lžičky sušeného kerblíku a estragonu) a špetku sušeného libečku s čerstvou petrželkou, solí a 1 kapkou vody a nechte 2 hodiny odležet).
2. Vajíčko vyjmeme ze skořápky a ze žloutku vytvarujeme bylinkové pyré. Přidejte

zbývající ingredience. Vše šlehejte metličkou do hladka, ale ne krémové. Bílek nakrájíme na malé kousky a na závěr vmícháme.
3. Pokud máte rádi, můžete vmíchat 1-2 lžíce kečupu amerického typu.
4. Omáčka je vhodná k masovým salátům, klobásovým salátům, studené zelenině jako rajčata, květák, chřest, artyčoková srdíčka, k vařené šunce a natvrdo vařeným vejcím.
5. Celerový salát, vařený, langoše, avokádo, čekanka, dresink, ovocné saláty, uzeniny, jazyk, klobása

87. Ovocný sleďový salát

Ingredience

- 8 kusů filet ze sledě (dvojité, jemně nakládané)
- 2 pomeranče
- 1 ks Mango (zralé)
- Na marinádu:
- 1 svazek kopru
- 1 pomeranč
- 1 špetka cukru
- pepř
- sůl
- 2 lžíce šlehačky
- 150 g crème fraîche
- 100 ml šlehačky (vyšlehané do tuha)

příprava

1. Filety sledě nakrájejte na kousky dlouhé 2-3 cm.
2. Oloupeme a rozčtvrtíme dva pomeranče a nakrájíme na silné měsíčky. Mango oloupejte a dužinu nakrájejte na pecku. Na ozdobu si odložte trochu ovoce. Zbývající kousky ovoce smíchejte s kousky sledě.
3. Nejprve marináda otrhá koprové praporky a vezme si asi 2 polévkové lžíce na ozdobu.

Vymačkejte pomeranč. Pomerančovou šťávu smíchejte s cukrem, pepřem, solí, křenem a crème fraîche. Vmícháme šlehačku a nakonec vmícháme kopr.
4. Ovocnou a rybí směs smícháme s marinádou a necháme louhovat. Sleďový salát před podáváním ozdobte zbytkem ovoce a koprovými praporky.

88. Zmrzlina s fazolovou omáčkou a ovocným salátem

Ingredience

- 8 hrstí vaječných bílků (nebo drceného ledu)
- Fazolová pasta (červená)
- 250 ml cukrového sirupu
- 3 lžíce třešní amaretto (na ozdobu)
- Na ovocný salát:
- Ovoce (např. broskev, jahody, jak chcete)
- Citronová šťáva
- cukr

příprava

1. Smíchejte fazolovou pastu s cukrovým sirupem na zmrzlinu s fazolovou omáčkou a ovocným salátem. Nejprve nalijte do sklenice na víno trochu ledového sněhu. Dále navrch položte malou lžíci fazolové pasty a lžíci ovocného salátu. Ozdobte višněmi amaretto a podávejte.

89. Jahodová rýže na ovocném salátu

Ingredience na 2 porce

- 500 g čerstvého ovoce (dle chuti)
- 0,5 šálku šlehačky
- 3 kopečky jahod Mövenpick
- 5 kapek citronové šťávy

příprava

1. Ovoce omyjeme, oloupeme a nakrájíme na kostičky, dáme na talíř a pokapeme citronovou šťávou.
2. Jahodovou zmrzlinu dejte na ovocný salát.
3. Ozdobte šlehačkou a kornouty zmrzliny.

90. Ovocný salát s avokádem a jogurtem

Ingredience

- 1 jablko
- 1 avokádo
- 1/2 manga
- 40 g jahod
- 1/2 citronu
- 1 lžíce medu
- 125 g přírodního jogurtu
- 2-3 lžíce mandlových plátků

příprava

1. Nejprve u ovocného salátu s avokádem a jogurtem omyjte jablko a odstraňte jádřinec a kostičky. Dále zbavte jádřinců avokáda a manga a také nakrájejte na kostičky. Jahody omyjeme a nakrájíme na poloviny. Nakonec citron rozkrojte a z poloviny vymačkejte šťávu.
2. Přírodní jogurt a med dobře promíchejte. Nakrájené suroviny nasypeme do větší mísy a vmícháme směs medu a jogurtu. Ovocný salát s avokádem a jogurtem posypeme mandlemi a podáváme.

91. Jednoduchý ovocný salát

Ingredience

- 1/2 nakrájené papáji
- 1/2 nakrájeného melounu
- 1 velké nakrájené jablko
- 2 banány
- 3 pomerančový džus

příprava

1. Všechno ovoce dobře omyjte. Pokud máte pochybnosti, přečtěte si náš článek o správné dezinfekci ovoce a zeleniny.
2. Odstraňte slupku a semínka z papáji.
3. Nakrájíme na čtverečky.
4. Z melounu odstraňte kůru a semínka.
5. Nakrájíme na čtverečky.
6. Banány rozpůlíme a poté nakrájíme na čtverečky.
7. Pomeranče vymačkejte, abyste získali šťávu, přeceďte, abyste odstranili semínka a dejte stranou.
8. Jablko odřízněte a odstraňte pouze jádřinec. Uchovávejte misku.
9. Ve velké míse jemně promíchejte všechno ovoce kromě banánu.
10. Směs pokapejte pomerančovou šťávou.

11. Vyndejte lednici asi na 30 minut.
12. Banány přidejte těsně před podáváním.

92. Tradiční ovocný salát

Ingredience

- 2 krabičky na jahody
- 1 nakrájená papája bez slupky a semínek
- 5 nakrájených pomerančů
- 4 jablka
- 1 ananas
- 5 nakrájených banánů
- 3 plechovky kondenzovaného mléka (může být bez laktózy)
- 3 krémy (může být bez laktózy)

příprava

1. Ovoce dobře omyjte.
2. Odstraňte všechny lusky a semena.
3. Ananas nakrájejte a poté nakrájejte na kostičky.
4. Jablka nakrájíme na čtverečky.
5. Banány nakrájíme na trochu silnější plátky a dáme stranou.
6. Oloupanou papája a semínka nakrájíme na plátky.
7. Všechno ovoce dejte do velké mísy.
8. Přidejte kondenzované mléko a smetanu a jemně promíchejte, aby se ovoce nelámalo.
9. Chlaďte 1 hodinu.

10. Podávejte vychlazené!

93. smetanový ovocný salát

Ingredience

- 4 jablka
- 4 kiwi
- 3 stříbrné banány
- 1 velká papája
- 1 krabička od jahod
- 1 plechovka broskví v sirupu
- 1 plechovka zakysané smetany
- 1 plechovka kondenzovaného mléka

příprava

1. Všechno ovoce omyjte.
2. Z jablek, kiwi, papáji a jahodových listů odstraňte pecky a pecky.
3. Všechno ovoce nakrájíme na čtverečky.
4. Ovoce v misce jemně promícháme.
5. Smetanu a kondenzované mléko vyšleháme elektrickým mixérem nebo pomocí šlehače na krémovou pastu.
6. Ušlehanou pastu přidejte k ovoci a ještě trochu promíchejte.
7. Přidejte broskev v sirupu, také jemně nakrájenou. Vychutnejte si trochu sirupu pro dochucení a zvlhčení salátu.

8. Na hotovou směs nalijte zbytek smetany a pasty z kondenzovaného mléka.
9. Dejte na chladné místo a nechte asi 1 hodinu odpočinout.
10. Podávejte vychlazené!

94. Ovocný salát s kondenzovaným mlékem

Ingredience

- 5 jablek
- 5 banánů
- 3 pomeranče
- 15 rozpůlených hroznů bez pecek
- 1 papája
- 1/2 melounu
- 4 guavy
- 4 hrušky
- 6 jahod
- 1 plechovka kondenzovaného mléka

příprava

1. Ovoce dobře omyjte.
2. Rezervace.
3. Odstraňte semena a lusky, stonky a listy.
4. V míse nakrájíme všechno ovoce na čtverečky.
5. Jemně mícháme, dokud se vše rovnoměrně nepromíchá.
6. Přidejte kondenzované mléko a chlaďte asi 1 hodinu.
7. Podávejte vychlazené nebo při pokojové teplotě.

95. Ovocný salát se zakysanou smetanou

Ingredience

- 3 banány
- 4 jablka
- 1 malá papája
- 2 pomeranče
- 10 jahod
- 15 hroznů dle vlastního výběru
- 1 plechovka husté smetany (může být bez laktózy)
- 1/2 šálku cukru (volitelně)
- Další tip: podle chuti můžete osladit trochou medu.

příprava

1. Ovoce dobře omyjte.
2. Odstraňte lusky a semena.
3. Nakrájejte je na malé kousky, nejlépe čtverce.
4. Vložte ovoce do misky.
5. Všechno ovoce nakrájíme na malé kousky a dáme stranou do mísy.
6. Šlehejte hustou smetanu (pokud chcete s cukrem) v mixéru asi 1 minutu.
7. Do mísy s ovocem nalijte šlehačku a jemně míchejte, dokud se vše dobře nepromíchá.

8. Umístěte na chladné místo a podávejte vychlazené.

96. Odpovídající ovocný salát

Ingredience

- 1 šálek ostružin
- 4 malé pomeranče
- 1 šálek jahodového čaje
- 1/2 šálku hroznového čaje dle vašeho výběru
- 1 lžička medu
- 2 polévkové lžíce přírodní pomerančové šťávy;
- 1/4 hrnce řeckého jogurtu

příprava

1. Dezinfikujte veškeré ovoce.
2. Odstraňte slupku a semena (kromě hroznů).
3. Všechno ovoce a řecký jogurt dejte do misky.
4. Jemně mícháme, dokud se vše nepromíchá.
5. Ovocný salát zalijeme medem a dáme vychladit.
6. Vyndejte a podávejte!

97. Gurmán ovocný salát

Ingredience

- 1/2 papáji
- 1/2 šálku jahodového čaje
- 1 pomeranč
- 1 jablko
- Med podle chuti

Na omáčku:

- 2 lžíce pomerančové šťávy
- 1/2 hrnce hladkého celozrnného jogurtu (může být bez laktózy)
- 4 nasekané lístky máty

příprava

1. Po dezinfekci všech plodů odstraňte slupku, semena a listy.
2. Nakrájejte na malé čtverečky a vložte do velké mísy.
3. V jiné nádobě smíchejte jogurt, pomerančový džus a lístky máty.
4. Nalijte omáčku do mísy s ovocem, jemně promíchejte.
5. Ovocný salát rozdělte do malých misek a dejte vychladit.
6. Podávejte s lístky máty a medem na ozdobu.

98. Ovocný salát s jogurtovou omáčkou

Ingredience

- 500 g jahod
- 2 lžíce cukru
- 0,5 charantais nebo medový meloun
- 200 g švestek např. modré a žluté
- 4 lžíce limetkové šťávy (nebo citronové šťávy)
- 1 šálek (236 ml) nakrájeného ananasu
- 150 g smetanového jogurtu
- 1 balíček vanilkového cukru
- Možná trochu čerstvé máty

příprava

1. Jahody omyjeme a očistíme a rozpůlíme nebo rozčtvrtíme podle velikosti. V zapékací míse posypeme cukrem. Přikryjeme a kreslíme asi 15 minut.
2. Meloun zbavíme jádřince a nakrájíme na měsíčky. Maso odřízněte od kůže. Švestky opláchneme a nakrájíme od pecky na měsíčky. Pokapeme šťávou z limetky nebo citronu. Smíchejte připravené ingredience.
3. Na ananasovou omáčku nakrájíme na kostičky kromě 1 plátku a rozetřeme se

šťávou. Vmícháme jogurt a vanilkový cukr. Na formu ovocného salátu.
4. Zbytek ananasu nakrájíme na kostičky. Pokud chcete, nasekejte mátu. Obojí posypte hlávkovým salátem.

99. Ovocný salát s vanilkovo-jogurtovou omáčkou

Ingredience

ovoce:

- 2 jablka
- 1 banán
- Šťáva z 1/2 citronu
- 2 pomeranče

Omáčka:

- 1 vaječný bílek
- 2 lžíce cukru
- 1 vanilkový lusk
- 75 g jogurtu
- 1 žloutek
- 100 g šlehačky

příprava

1. Jablka nakrájejte na měsíčky, banán nakrájejte a pokapejte šťávou z citronu. Pomeranče nakrájíme na kousky. Ovoce rozdělte rovnoměrně na čtyři talíře.
2. Z bílků ušleháme tuhý sníh, do omáčky přisypeme cukr. Vanilkový lusk. Vyškrábejte, promíchejte s jogurtem a žloutkem. Šlehačku ušleháme dotuha, přimícháme k bílku. Do ovocné formy.

100. Rychlý ovocný salát

Ingredience

- 1 jablko (střední)
- 1 banán
- 1 hrst hroznů
- nějaké jahody
- nějaké třešně (vypeckované)
- 1 plechovka ovocného koktejlu
- citrón
- třtinový cukr (pokud je potřeba)

příprava

1. Pro rychlý ovocný salát ovoce v případě potřeby omyjte, nakrájejte a zbavte jádřince. Banány pokapejte citronovou šťávou, aby nezhnědly.
2. Vše dáme do mísy s ovocným koktejlem a dochutíme třtinovým cukrem a vanilkovým cukrem.

ZÁVĚR

Ovocné saláty by měly být součástí každého jídelníčku jako prevence rakoviny a srdečních chorob. Výsledkem je, že lidé budou mít více energie na cvičení a budou pracovat na snížení množství sodíku a cholesterolu v krevním oběhu. Ovocné saláty jsou zdravé jídlo, které lze jíst jako svačinu nebo náhradu jídla a mělo by být součástí jídelníčku každého.

www.ingramcontent.com/pod-product-compliance
Lightning Source LLC
Chambersburg PA
CBHW070659120526
44590CB00013BA/1030